강원도

오래된 미래

여는글

　가장 강원도다운 모습이 무엇일까 생각해봤습니다.

　태백산맥과 동해, DMZ와 댐, 산촌과 화전민 그리고 탄광촌이 연상됩니다.

　기존 사람들이 어쩔 수 없이 떠나야 했고, 또 다른 사람들이 새 삶을 위해 들어왔습니다.

　고향을 떠나야 하는 사람들과 고향을 잃고 새로운 터전으로 들어오는 사람들 모두 저마다 제각각의 이유가 있었습니다. 분단과 전쟁, DMZ와 민통선, 댐 건설과 수몰, 화전민 강제 이주, 탄광촌의 번성과 쇠퇴, 산업화와 도시화 등 다양했습니다. 여기 각기 자기 고장의 옛 모습을 기억하고 기록하는 사람들이 떠난 사람들과 들어온 사람들의 발자취를 소개합니다.

강원기록문화네트워크 회장 **김영규**

목차

철원
구호주택

김영규

철원역사문화연구소장
철원의 미래를 여는 포럼 대표
강원기록문화네트워크 회장

수복 직후
군인들이 지어준
철원군 구호주택 마을

수복지구
철원의 비애悲哀

철원군은 수복지구收復地區입니다. 수복지구는 6·25전쟁 전에는 북한 땅이었다가 전쟁 후 남한 땅에 편입된 지역을 말합니다. 3년간 치열한 전쟁으로 도시는 완전히 폐허가 되었고 사람들은 남과 북으로 뿔뿔이 흩어졌으며 기록이나 흔적조차 사라졌습니다. 정확히 말하면 철원주민들의 70% 이상은 인민군이 퇴각할 때 자의반 타의반 북으로 올라갔습니다. 그로 인하여 철원의 현대사는 완전히 증발된 것이나 다름없습니다.

철원군청 인근 신철원4리 구호주택 전경

갈말읍 신철원4리 구호주택(현재)

민통선에
가로막힌 내 고향

1953년 7월 27일 휴전 일부터 1954년 11월 15일 행정이 민정으로 이양될 때까지 철원군은 미군정 통치를 받았습니다. 군정에서는 군인들 지시가 곧 법이었고 현직 중위가 면장이고 상사가 이장이었으며 모든 생활을 군인들이 통제했습니다. 전쟁은 끝났지만 군인들이 설정한 민통선(민간인출입통제선, 귀농선)에 가로막혀 옛 고향에 들어갈 수가 없었습니다. 수많은 마을이 DMZ(비무장지대)에 묻혔습니다. 그래서 민통선 밖에 군인들이 설치한 임시정착촌 천막에서 머물러야 했습니다. 천막 1개에 6~8가구가 함께 들어가 40~50명씩 생활했고 철원 동송지역만 하더라도 천막 개수가 100여 개가 넘었습니다. 천막마다 번호가 매겨져 있었으나 당시 어린아이들은 자기 천막을 잊어서 헤매곤 했답니다. 임시 천막촌에 머물며 고향 땅이 개방될 때까지 수백 명씩 무리 지어 정처 없이 기다려야 했습니다. 철원군 남쪽 갈말읍에서 북쪽 철원읍이나 김화읍 고향까지 15km 가는 데 수개월에서 1~2년이 걸렸습니다. 전방 지역 상황이 정리되고 안정되면서 순차적으로 조금씩 개방되어 최소한 서너 군데 임시 정착촌을 전전하다가 자기 고향에 들어갈 수 있었습니다.

동송읍 장흥2리 구호주택 골목(현재)

구호주택 마을의
탄생과 소멸

　밀려 들어오는 정착민들을 수용
하기 위하여 천막촌보다는 나은 임
시 숙소로 지은 것이 구호주택입니
다. 철원군에는 수복 직후 군정하
에서 건설된 구호주택 마을이 현재
까지 20곳 정도로 파악됩니다. 그
중 대표적인 곳이 철원군 갈말읍
신철원4리, 문혜1리, 동송읍 이평2
리, 장흥2리, 서면 와수1리, 와수4
리, 근남면 육단1리, 잠곡3리 일대
입니다. 근 70년 세월이 흐르면서
대부분 구호주택이 파손되거나 증
개축되어 원래의 모습은 현재 거
의 알아볼 수 없을 지경입니다. 그
동안 살던 주민들도 많이 바뀌었
고 건물이 허물어져서 완전히 폐가
가 된 곳도 많습니다. 다만 마을의
형태가 그나마 온전하게 남아 있는
곳 위주로 수복지구 철원에서만 존
재했던 전쟁의 상흔이자 주민들 삶
의 현장을 여기에 소개합니다.

서면 와수1리 구호주택(1973년)

서면 와수1리 구호주택(현재)

조사하고, 연구하고,
기록하라

아직도 마을을 형성하고 주민들이 살고 있는 곳의 수복 초기 옛 사진과 현재 모습을 촬영했습니다. 지역을 연구하고 기록하는 사람으로서 바람이 있다면 아직까지 남아 있는 구호주택 마을을 빨리 전수 조사하고 연구하여 당시 실상을 정확하게 기록하는 일입니다. 건물이 더 무너지기 전에 사진에 담거나 그림으로 남기고 설계도를 복원하여야 합니다. 그리고 아직 살아계신 입주 1세대 분들의 생생한 삶의 이야기가 책자로 제작되어야 합니다.

철원 구호주택의
구조와 형태

    철원군 갈말읍 신철원4리 구호주택 주민인 변대복(1954년생) 씨 증언에 의하면 30동(60가구)이 지어졌는데 3명이 누울 수 있는 방 1개와 솥 2개 걸 수 있는 부엌이 달린 집이 좌우 대칭 형태 연립으로 지어졌으며 지붕은 양기와(시멘트기와)이고 벽채는 수수깡과 싸리나무가 안에 들어가고 전깃줄로 엮어서 흙으로 발랐다고 합니다. 담장은 따로 없었고 참나무와 싸리나무를 쭉 심어 경계로 삼았고 바깥에 화장실이 있었으며 마을 한가운데 공동 두레박 우물이 있었답니다. 이후 세월이 흐르면서 연립으로 된 두 집을 하나로 터 집을 넓혔고 지금은 완전히 증개축해 옛날 모습은 거의 남아 있지 않습니다. 서면 와수1리 한명희(1946년생) 씨 증언에 의하면 집의 형태는 신철원4리와 비슷했으나 초가지붕이었고 1955년 40동(80가구)이 입주했다고 합니다. 동송읍 이평2리는 국도를 따라 1954년 40동(80가구)이 일렬로 지어져 이쪽 집 끝에서 방문을 열고 반대편을 바라보면 저쪽 끝이 보일 정도로 장관이었다고 합니다.

신철원4리 구호주택 변대복 씨 어머니(1976년)　　와수1리 구호 주택 주민 한명희 씨(75세)

갈말읍 신철원4리 구호주택(현재)

동송읍 이평2리 구호주택 모습(현재)

구호주택 마을은
시대의 산물

근남면에서는 남쪽에 있는 잠곡3리(도덕동)가 가장 먼저 수복되어 개방되었는데 9사단에서 구호주택 50동(100가구)을 지어 나눠 주었습니다. 윗방에 한집, 아랫방에 한집 부엌은 공동으로 사용하는 연립형태로 크기는 3칸 집이었습니다. 1칸이 가로세로 8자이고 3칸은 15평 정도이며 부엌이라고 있었지만 다른 도구 없이 냄비 하나만 덜렁 있을 뿐이었습니다. 이후 근남면 육단리가 개방되면서 사람들이 잠곡3리를 떠났고 이들을 수용하기 위해 육단1리에 구호주택 40동(80가구)을 지었는데 신철원1리와 모양과 크기가 똑같았고 초가지붕이었답니다. 이외에도 군탄리, 문혜리, 장흥리, 자등리 등 20개 마을에 구호주택이 지어져서 철원군에는 총 600동에 걸쳐 1,200가구 정도가 거주하였던 것으로 추정됩니다. 구호주택은 수복지구 철원이 군정 통치하에서 밀려 들어오는 새로운 정착민들을 위해 지어서 공급했던 특별한 시대의 산물이었습니다.

근남면 육단1리 음지말 구호주택 모습(그림 장우혁)

근남면 육단리 육단교 준공(1960년)

1970년대 근남면 육단리 모습

근남면 육단1리 마을 전경(현재)

근남면 육단1리 구호주택(그림 장우혁)

근남면 잠곡1리 마을 모습(그림 장우혁)

철원
민통선 마을

김남덕
강원사진연구소장

민통선 마을
생창리

이주민의 땅,
강원도

강원도의 역사는 이주민의 역사다.

궁예왕이 911년 철원에 세운 태봉국은 충청도에서 이주한 1만호 주민들을 신민으로 삼아 나라의 기틀을 다졌다. 또한 신라에서 이주한 명주군왕과 그 지지 세력은 일찍부터 호족 세력으로 몸집을 키웠으며 고려를 건국한 왕건의 든든한 지원 세력으로 등장했다. 또한 38선이 가로지르는 강원도는 6·25 전쟁으로 더 많은 이주민을 만들어냈다. 1966년 이후 화전민 정리 사업으로 화전민들은 보따리를 싸들고 도내의 도시나 수도권으로 이주했다.

　분단은 또 다른 이주민 역사를 만들었다. 민간인출입통제선(이하 민통선)은 분단이 만든 산물이다. 도내 접경지역 대부분이 38선 이북에 위치한 수복지역으로 전쟁이 남긴 아픈 역사를 안고 있다.

민통선에
들어선 마을

　민통선 지역은 과거 마을, 경작지, 산과 계곡 등 사람들의 일상생활을 하던 곳으로 휴전선과 평행선을 이루고 있으며 6·25 전쟁 당시 치열한 전투가 벌어진 전선이다.

　지난 1954년 2월 미 육군 제8군단사령관의 직권으로 설정된 민통선은 휴전 후 민간인의 귀농을 규제하는 귀농선歸農線을 부르며 민간인 출입을 금지했다. 휴전선 방어 임무를 한국군이 담당하면서 출입영농과 입주영농이 허가되었으며 귀농선은 민통선으로 명칭이 바뀌었다. 민통선 통제권이 국군에게 이양된 후, 국토 이용의 제고와 북한의 계획적인 선전촌에 대한 대응과 김신조 침투사건으로 접경지역에서의 민간인 활용을 위한 정책적 필요가 생기면서 확대됐다. 북한 아래 첫 동네라고 불리는 민통선 마을은 6·25 전쟁이 끝난 직후부터 70년대까지 집단 이주하며 마을이 들어섰다.

　도내 민통선 마을은 철원군 대마1·2리, 양지리, 이길리, 정연리, 생창리, 유곡리 7개 마을과 양구군 해안면 만대리, 오유1·2리, 현1·2·3리 등 6개 마을에 수천 명이 군 통제 아래서 일상을 꾸리고 있다.

끊이지 않던
비극

민통선지역은 출입영농이 허용될 때까지 사람들의 손을 타지 않는 방치된 황무지로 있었고 전장의 한복판에 위치해 지뢰 등 폭발물이 제거되지 않은 '지뢰 미확인지대'였다. 민통선 마을 입주 시 정부 당국이 지뢰 등 폭파물 위험이 상존하는 땅을 입주민들에게 불하해 생명을 잃어버리는 안타까운 사건이 반복해서 일어났다. 30대 젊은 제대군인이 가장인 가족은 미확인 지뢰지대를 개간하다 목숨을 잃거나 또는 부상으로 노동력을 상실해 가족이 해체되는 비극도 발생하기도 했다.

"길이 아니면 가지 마라"는 민통선마을에서 반드시 지켜야 하는 불문율이다. 남과 북이 휴전 상태로 전선을 마주하고 있듯이 주민들에게도 분단의 상처는 아직도 진행형으로 남아 있다. 지금도 접경지역에서 들려오는 지뢰폭발 인명사고는 전쟁이 끝나지 않았음을 상기시키고 있다.

About
생창리

생창리는 북쪽엔 성재산과 계웅산이 둘러싸고 남으론 화강(남대천)이 흐른다. 고구려시대부터 일제시대까지 김화군의 중심지였으나 전쟁으로 한 순간에 사라졌다. 이 마을은 병자호란 때 청淸나라 군대에 맞서 용전분투했던 유림장군의 충절이 깃들어 있는 곳이기도 하다.

일제강점기인 1914년 여러 마을이 병합되어 생창리로 개칭되었고 인구 2만이 살던 김화읍의 중심지였으나 사라졌다. 김화군은 6·25전쟁이 끝나고 1953년 수복되면서 옛 김화군 대신 철원군 김화읍으로 편입되어 현재에 이르고 있다.

과거 김화군의 군청 소재지인 생창리는 1970년 10월 30일 재건촌으로 조성되어 재향군인 100세대가 입주했다. 제대 군인으로 마을 구성원이 이뤄지다 보니 각 집은 대대장님, 중대장집, 안중사네 등 군 계급으로 불렀다. 입주 초기 마을은 재향군인회 색채가 남아 주민들을 서열화하고 감정의 골이 깊어져 싸움이 빈번하게 일어나기도 했다. 농사일은 개인작업보다는 협업을 통해 이뤄진다. 노동을 통해 협업을 하다보니 이런 감정의 골은 서서히 좁혀지며 상부상조하는 분위기가 정착됐다.

현재 마을안에는 DMZ 방문자 센터와 사라진 김화군을 재현관이 설치돼 사라진 마을 추억을 되새기고 있다. 또한 남방한계선인 철책을 근거리에서 탐방하는 DMZ생태공원이 조성돼 접경지역의 독특한 자연과 문화를 국민들에게 소개하며 민통선 마을의 새로운 장르를 열어가고 있다.

춘천
소양호 수몰민

이 학 주

정선군 임계면 문래리 출생
성균관대학교 문학박사
전 광주예술대학교 문예창작학과 교수
한국문화스토리텔링연구원 원장

소양호 물밑에
가라앉은 마을,
그리고 내평초등학교

소양호의
두 가지 얼굴

소양호昭陽湖는 참 낭만적이다. 푸른 물결이 계곡을 따라 넓게 퍼져 있고 그 위로 쾌속선이 물살을 휘날리며 달린다. 낚시꾼들은 밤을 새워 고기를 낚으며 먼 미래를 생각하기도 한다. 주변의 산들과 어울려 정말 멋진 풍경을 자아낸다. 가을이 되면 단풍이 곱게 물든 산과 푸른 하늘이 물속에 비춰 또 하나의 세계를 그려낸다. 저 물을 건너가면 뭔가 새로운 세계가 펼쳐질 것 같은 짜릿한 쾌감을 주기도 한다.

그렇게 아름답고 신비한 소양호가 만들어지면서 고향을 물밑으로 가라앉힌 마을이 많다. 춘천의 북산면과 동면 일부, 양구 남면, 인제 남면 등지에 살던 사람들이다.

내평초교(1973년 수몰되기 전 모습)

1973년에 일어난 일이다. 무수히 많은 실향민이 생겼다. 이들은
살길을 찾아 뿔뿔이 흩어졌다. 그때 마침 화전민 정리를 하던 시절
이라 소양호 실향민들은 화전민처럼 고향을 떠나 봇짐을 쌌다. 화
전민이야 마을은 없어져도 고향 땅은 있지만 소양호 수몰민들은 그
마저 찾을 수 없었다.

그들은 한동안 물속에 가라앉은 고향을 생각하면서 모임도 갖고, 고
향이 그리우면 소양호 언저리에 와서 물끄러미 소양호 물결을 바라보
며 고향을 생각했다. 친구들과 뛰어놀던 강이며, 산이며, 학교며, 마을
사람들이 하나씩 주마등처럼 지나갔다. 생각이 멈추고 기억이 멈춘 고
향땅이었다. 그러나 더 오랜 어린 시절의 고향은 어느 기억보다 생생
했다. 물속에 가라앉은 고향 기억이 물 위에 떠 있는 요즘의 기억보다
더 선명할 줄이야. 50년의 세월은 그렇게 모임도 흐지부지하게 했고,
하나둘 주변사람들이 세상을 뜨면서 연락할 곳도 없어졌다. 이제 고향
을 기억하는 젊은이들은 없다. 소양호도 나이가 들었기 때문이다.

36회 졸업기념(1963년)

내평초교 동문회사진

내평초교 체육대회

잊기 힘든
어린 날의 추억

　그들이 기억하는 가장 많은 추억은 초등학교이다. 필자가 만난 수몰민들은 내평초등학교, 청평초등학교, 품안초등학교, 부평초등학교, 신이초등학교 등 초등학교 이야기를 많이 했다. 초등학교는 어린 시절의 가장 많은 추억이 서려 있기 때문이다. 내평초등학교도 그 가운데 한 곳이다. 내평초등학교는 1920년 내평공립보통학교로 설립되어 1986년 오항초등학교 내평분교로 이전되었다가 폐교되었다. 그 과정에 참 많은 변화가 있었다. 소양강댐이 만들어지면서 학생들이 마을을 떠나기 시작하자 학교 일부를 헐어 부귀분교를 지었다. 그리고 학교가 헐리자 면사무소 건물에 옮겨 공부를 했고, 영림서건물에서도 공부를 했다. 이어서 물에 잠기지 않은 백민터에 분교가 세워져 있다가 폐교가 되었다. 수몰현장은 수없이 고향에서 내쫓기어 이사를 하게 했다. 서러운 이사였다. 수몰민이 고향에서 떠나듯, 학교도 정처 없이 이곳저곳으로 내몰리었다.

면사무소 옆 임시분교

그래도 나이 든 내평초등학교 출신들에게는 아름다운 순간만 박제가 되어 학교의 기억이 남아 있었다. "깃발이 춤을 춘다 우리 머리 위에서 달리자 넓은 마당~"이라는 운동회 노래도 했고, "높이 솟은 가리산은 소양강에다 / 웅장하다 그 이름은 번영하도다~"라는 교가도 잘 불렀다. 칠십이 넘은 노인은 고향 언저리로 돌아가 집을 짓고, 노인이 가지고 있는 사진 뒤에 동창들의 이름을 빼곡하게 기록해 두었다. 노인은 열심히 얘기했다. 양조장 아주머니의 선행이야기, 운동회날 이야기, 학교 뒤에 수세미를 길러 사용한 이야기, 웃버덩으로 소풍을 갔던 이야기 등 추억이 정말 많았다.

그런데 참 재미있는 사실이 있었다. 소양강 수몰로 실향민이 된 사람들은 모두 물로리 가리산 한천자 기우제를 말하였다. 내평리 머슴이 가리산에 아버지 무덤을 쓰고 중국의 천자가 된 이야기와 그곳에 기우제를 지냈던 이야기를 알고 있었다. 소양댐 수몰 실향민들은 이 이야기처럼 고향을 떠났지만 모두들 멋진 삶을 살 것이다. 모두의 행복을 기원해 본다.

내평분교 앞 백민터(1980.4.)

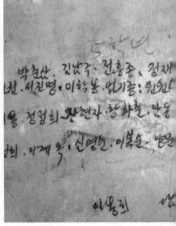

봄소풍사진 뒤에 친구들 이름 기록

내평초교 앞에서

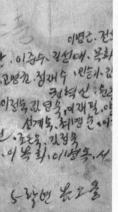

내평초등학교 소풍(1968년)

횡성
수하리 사람들

김 시 동
지역아카이브 기획자
사회적사진가
강원아카이브사회적협동조합 대표

물 아래 마을, 수하리 사람들
횡성댐수몰지역
10년의 기억과 기록

댐이 삼켜버린
고향 땅

정부의 수자원 종합개발계획의 하나로 물 부족 현상과 홍수피해를 예방하고자 건설된 횡성댐은 정든 고향과 삶의 이야기를 수장시킨 채 오늘도 푸른 물결로 넘실대고 있다. 당시 정부는 수자원의 불균형 문제를 해결하고 균형 있는 국토 개발을 위하여 대규모댐 보다는 중규모의 다목적댐 건설로 사업을 전환했다. 첫 번째 사업으로 1990년 기본계획 설계가 실시된 횡성다목적댐 건설공사였다. 1999년 12월 첫 담수가 시작된 횡성다목적댐 건설로 횡성군 갑천면의 중금리, 구방리, 부동리, 화전리, 포동리 5개리가 물에 잠기며 251세대 973명의 주민들도 삶의 터전을 잃게 되었다. 횡성댐 수몰지역의 총면적은 6,009천㎡에 달하며 수몰지역 주민들은 가까운 곳에 택지를 조성하거나 다른 지역으로 이주했다.

1991년부터 수몰지역 보상을 시작으로 1993년 사업에 착수하였으나 주민들의 댐 건설 반대 시위와 이주대책 등에 대한 거친 민원으로 수차례 공사가 중지되면서 본격적인 사업 착수는 1994년에야 가능했다. 1990년 횡성 댐수몰지역 대책위원회가 결성되고 1991년 12월 31일 횡성군청에서 주민 100여명이 최초로 집단 시위를 했다. 댐 건설로 인한 낮은 보상 감정가가 시위 촉발의 가장 큰 원인이었다. 그 이후 1995년까지 도로 점거, 댐 건설 백지화, 횡성댐 건설사무소 점거 농성 등의 집회와 시위를 통해 이주민들은 정당한 보상과 권리를 찾기 위한 투쟁을 전개했다. 6년 동안 진행된 수몰지역 주민들의 공동 행동으로 얻어낸 결과는 공동체의 일체감을 확인할 수 있는 마지막 기회였다. 그러나 물 아래 정든 고향을 두고 영원히 떠나야 하는 시간, 그들의 가슴에 비어있는 기억의 허전함은 무엇으로 보상받을 수 있을까?

물 아래 고향을 묻어두고 떠나야 하는 이주민들의 삶은 피할 수 없는 순환하는 역사의 필연적 결과물인가? 사라지는 것은 삶의 터전만이 아니라 그 안에서 서로 부대끼며 한평생 살아 온 그들의 삶과 고향의 넋이다. 묻히는 것은 땅이 아니라 그들의 혼이었을 것이다. 개발이라는 낯선 이름에 의해 떠날 수밖에 없는 그들의 고향은 꿈속에서나 그리워해야 할 대상이 되어 버리고, 이제는 남겨진 한 장의 사진으로만 기억해야 한다. 한 장의 사진 속에 개인의 삶과 마을의 이야기가 들어있듯이 우리의 삶이 그들과 다르지 않다는 것은 느끼는 데는 그리 오랜 시간이 필요치 않을 것이다.

강대섭(65세) 한치저수지 건너던 날 / 화전리 큰말 1996

강대섭씨는 당시 38선 이북 지역이던 양양에서 살다가 6 · 25 한국
전쟁 때 월남했다. 남쪽에 내려와 힘든 삶을 살다가 28년 전 화전리
큰말로 이사를 왔다. 이곳에 정착해서도 처음에는 자식 키우고 살아
가는 것이 참 어렵고 힘들었다. 그러나 고생 속에서도 성실하게 일해
온 덕으로 화전리에서 남부럽지 않게 살아왔다. 가난한 삶을 살았지
만 자식들에게 항상 성실하고 근면한 생활을 하라는 가르침을 주었
다. 그렇게 억척스럽게 살아온 정든 땅을 이제는 영원히 떠나야 한다.

강대섭 화전리 큰말, 한치연못 건너던 날 1996

강성남(62세), **정용희**(62세) / 중금리 1997

평생을 살아온 고향이 물에 잠긴다는 것은 상상하지 못할 참으로 슬픈 일이다. 군대 3년, 타지 생활 3년을 빼고는 고향을 떠난 적이 없다. 강성남씨는 4남 5녀의 맏이로 선친의 건강한 피를 이어받아 기골이 장대하고 강한 몸을 받았다. 스물 한살에 포동리 마무리에 사는 동갑내기 정용희와 결혼했다. 결혼 후 바로 군에 입대했다. 군 생활 당시 집 사람을 향한 미안하고 애틋했던 감정이 아련히 기억난다. 강성남씨는 평생을 땅만 바라보고 흙을 일구며 살아왔다. 땅의 정직함을 믿으며 땅에서 나오는 땀의 가치를 믿었다. 고민하고 고심한 끝에 떠나서도 그는 다시 농삿꾼으로 살아갈 계획이다. 경기도 여주군 정동면 낯선 마을이지만 땅이 주는 믿음은 어디서나 통할 것이라 믿는다.

강성남, 정용희 중금리 1997

고명수 부동리 중뜰 1996

고명수 / 부동리 중뜰 1996

선친께서 여섯 살 되던 해 이곳으로 이주하여 살았다니 고명수씨 일가가 이곳에 정착한 것이 어림잡아 100년이 훨씬 넘는다. 고명수 씨는 천상 농삿꾼이다. 마을에 물이 찰 때까지 고향을 지키겠다는 마음이다. 한해라도 더 농사를 짓고 싶은 부부의 간절한 바람처럼 느껴진다. 고명수 씨는 짚신을 삼으며 맨발로 갑천초등학교를 다니며 졸업했다. 부인 변영녀 씨 사이에 3형제를 잘 키웠다. 부동리에서 살아온 4대의 삶이 이제 기억의 역사로 남게 되었다. 원주 무실동으로 이주했다.

김고동 포동리 고개넘이 1996

김고동(68세) / 포동리 마무리 1996

 김씨의 집은 없다. 아니 사라졌다. 1995년 겨울, 살던 집이 화재로 완전히 소실되어 빈집으로 남아있는 이웃집에 살고 있다. 그녀는 가족도 없는 혼자다. 마무리에 산 것이 15년 전이다. 남편은 8년 전 여름, 장마로 사망했고 하나뿐인 아들은 몇년전 지병으로 청춘의 시절을 마감했다. 이곳에서 남편을 떠나보내고 또 아들을 잃고, 이제는 물속에 고향마저 묻고 떠나야 한다. 간접 보상을 받는 논 다섯마지기가 유일한 그녀의 재산이다. 어디로 가야 할지, 무엇을 할지 아직 아무런 계획이 없다.

김범두(79세) 한금옥 / 중금리 1996

"허 넘차 어허, 어허럼차 어허, 여보시오 상두꾼들, 합심해서 소리 받게, 이제 가면 언제오나, 우리 인생 한번 가면…." 김범두 씨는 타고난 소리꾼이다. 요령잡이나 회다지소리, 모내기소리나 그는 막힘이 없다. 김 씨의 소리는 듣는 이의 심금을 적신다. 경북 상주에서 그의 조부가 중금리로 이주하면서 정착하게 되었다. 갓 스물에 소초면 돌머리에 사는 열여섯 한금옥과 결혼하고 슬하에 2남 5녀를 두어 모두 출가시켰다. 시집 오는 날, 오재올 고개를 넘을 때 타고 오던 가마가 부서져 시집이고 뭐고 그냥 도망치고 싶었다고 그의 늙은 아내는 그때의 일을 지금도 말한다. 모진 시집살이에 대한 예고였을까? 경기 광주군으로 이주했다.

김범두, 한금옥 중금리 1996

김재기 구방리 재자고개 1996

김용복 구방리 1996

김재기(66세) / 구방리 재자고개 1996

봉평농악의 상쇠! 김재기씨는 이곳 횡성 구방리로 오기전 평창에서 날리는 농악대 상쇠였다. 13살 때부터 농악을 배워 31살까지 농악대에서 꽹가리를 쳤다. 농악대 상쇠답게 소리도 유창하다. 어러리타령, 소몰이소리 등 못하는 소리가 없다. 32살에 이곳으로 이주했으니 반평생의 고향이라 할 수 있다. 그는 수하리에서 가장 많은 농사를 지었다. 내 땅 남의 땅 합해서 논농사만 130마지기를 지었다. 한우도 25마리 정도 방목하며 키웠다. 소를 다루는 기술이 박사급이다. 맨손으로 들어와 억척같이 일한 결과 살림이 불어나고 먹고 살만해졌다. 횡성 읍하택지로 이주했다.

김용복(81세) / 구방리 1996

서른살의 나이에 구방리 남의 터에 집을 짓고 삶을 운명처럼 받아들이며 살아온 세월이 벌써 인생의 황혼기에 접어들었다. 활짝 피어나는 꽃처럼 피워보지 못하고 살아온 삶의 길이 그저 착잡하기만 하다. 그것이 운명이라면 어쩔수 없이 받아들여야겠지만 그래도 살아 온 세월이 너무나 야속하다. 고향은 모두에게 똑 같은 고향이지만 떠나는 이주민의 삶의 가치는 자본에 의해 판가름 난다. 그것이 현실이다. 늙는 것도 서러운데 정든 터전마저 빼앗기고 떠나야 하는 김용복 씨 부부는 아직 앞날에 대한 아무런 준비가 없다.

안녕, 안녕,
안녕

화성초등학교 제48회 마지막 졸업식 / 1997.2

50년의 역사를 간직한 화성초등학교의 마지막 졸업식이 열리는 날이다. 5명의 졸업생이 후배들로부터 꽃다발을 받으며 울먹이고 있다. 50년 역사의 화성초등학교는 총 1,831명의 졸업생을 배출하고 마지막 교문을 닫았다.

화성초등학교

화성초등학교는 갑천면 구방리에 있던 초등학교로 1946년 12월 13일, 1학급 94명의 학생으로 개교한 공립학교다. 화성초등학교가 개교되기 전의 이 지역 어린이들은 대부분 학교를 다니지 못하고 서당이나 당시에는 멀리 있던 갑천초등학교를 다녔다. 개교 이후 학교가 한창일 때는 10학급 500여명의 학생들이 미래의 꿈과 희망을 꽃

화성초등학교 제48회 마지막 졸업식 1997

화성공립국민학교(화성초등학교) 제1회 졸업 1950 화성초등학교 마지막 운동회 1997

피웠던 배움의 요람이자 마을의 공동체 공간으로 기능해왔다. 그러나 농촌 인구의 감소로 학생수가 줄어드는 현실에다 횡성댐 건설로 대부분의 마을 주민들은 고향을 떠날 수 밖에 없었다. 화성초등학교는 1997년 2월, 남아있는 전교생 10명 중 5명의 졸업생을 끝으로 50년 역사의 교문을 닫고 더 이상 등교할 수 없는 횡성댐 속으로 영원히 잠기게 되었다. 수몰지역 이주민들에게 화성학교는 마을과 사람, 삶과 기억이 호흡하는 공간이었을 것이다.

> 철따라 피고 진 화성의 꽃들은
> 저 찬란한 들판에서 굵어 갔습니다.
> 당신이 남긴 숨결 소리는 화성의 터전에
> 영원한 자취로 영원히 빛나리
> 가시는 길 위에 행운 있으라
> 당신이 심고 간 화분위에 고운 꽃 봉오리 마져 피워 드리리다
> 줄기찬 정성으로 물을 뿌리리라

1970. 2. 18
화성초등학교 제20회 졸업기념, 축시

[수몰지역 이주민들의 인터뷰 내용은
「횡성댐수몰지역지리지 '화성의 옛터' 1996, 횡성군,을 참고했음을 밝힌다.]

태백
탄광촌

박 병 문
다큐멘터리사진가

철암 탄광촌
이야기

광부들의 삶의 터전인 강원산업과 삼방동의 젖줄인 두골산.
그 두골산 8부 능선에 호식총虎食塚이 존재하는 곳.
다리를 뻗듯 뻗어 내려온 그 길 끝에 비스듬하게
옹기종기 자리 잡은 삼방동 마을.

황금빛 꿈을 안고
삼방동으로

　60~70년대 막장에서의 황금을 꿈꾸며 모여든 사람들이 이곳 삼방동에 둥지를 틀기 시작하였다. 하나의 우물에 공동화장실을 양보하며 살았었다. 살기 위한 목적 하나로 작은 공터에 나무를 얼기설기 엮으면 집이 되었고, 쌓인 눈에서 물이 떨어질 때 지붕 위에 누런 종이를 덧씌워 골탄과 모래를 섞은 후 여러 번 바르고 나면 그것이 단단한 "루핑지붕"이 되었다.

　연탄불에 된장 익어가는 냄새가 마을을 덮고 고드름이 길어져 황금색 도시락 보자기를 든 광부들의 출근길이 이어지면 여자라는 이유 하나로 골목길을 나서지 못했었다.

출근하는 광부가 보이면 집으로 들어가거나 뒤돌아가기가 일쑤였다. 여자가 그 앞을 가로지르거나 앞질러 간다면 막장에서 사고가 난다는 속설 때문이었다. 여자는 미물의 존재로 여겨졌던 것이다. 암모니아 가스가 스멀거리는 공동화장실에서 목울음을 넘기다 못해 서러움을 토했다고 한다.

탄광촌의
흔적을 찾아

석탄합리화 정책 이후 하나 둘 폐광이 늘어가기 시작했다. 고향이라 여기며 살았던 이곳을 떠나는 사람들로 빈집이 늘고 철거가 되면서 그 자리는 남은 사람들의 야채 밭으로 변해 갔다. 광부의 눈치를 보며 뒤돌아섰던 골목엔 벽화가 그려지고 탄광촌의 흔적을 찾으려는 사람들에게 작은 실마리만 안겨줄 뿐이다.

좁은 공간을 효율적으로 사용하기 위해 철암천 위에 인위적으로 나무를 놓아 공간을 넓혀 생활한 것이 까치발 건물이다.

일제 강점기를 지나 석탄 산업발전사와 근대화 과정을 보여주는 산업유산인 "철암 역두 선탄장"은 1935년에 준공된 등록문화재 제21호로 지정되어 있다. 검은 분진이 덕지덕지 묻은 얼굴에 구슬땀을 닦아가면서, 착암기의 진동에 온몸을 바들바들 떨면서, 그렇게 캐내어진 석탄들은 지하 컨베이어 벨트를 타고 이곳 선탄장으로 집결된다.

온기 속에 피어오르는
철암시장

많은 사람들로 인해 서로 부딪히며 걸어 다녔던 시장은 철거라는 명분 아래 떠난 자리와 남은 자리가 분명해졌고 그나마 남은 상가에는 인기척이 그립다. 시간을 잃어버린 것처럼 낡은 철암시장은 정이 그리운 사람들의 어깨가 무겁기만 한데 나무판자 건물로 날아드는 눈바람이 매정하기만 하다.

어느 허름한 가게 안에서는 끓어오르는 주전자의 증기에 온기를 느끼는 사람들의 한스러운 수다가 이어지고 시장골목은 커피 향으로 채워졌다. 거대한 인정으로 꿈을 지녔던 철암시장은 뭉텅뭉텅 순식간에 사라지기 시작하고 광활한 공터가 되면서 찾아드는 상인들로 인해 천막을 치고 물건을 정리하고 찾는 사람들과 하나가 되니 또 다른 시장이 형성되었다.

꿈꾸는 사람들이 있는 한 철암시장은 다시 살아날 것이다.

막장의 특성상 안전을 위해 찾는 피넷골 입구의 교회는 탄광촌 사람들의 마음의 안식처이다.

낡아지고 사라져 가는 삼방동의 움직임, 남은 사람들의 허전함, 저탄장을 바라보며 지그시 눈 감으시던 할아버지, 우물 두레박 들고 지난날을 더듬으며 웃음보이시던 할머니.

광부들의 고단했던 삶을 밤낮을 번갈아 다니며 구석구석을 찾아다니며 기록하였다.

　탄광촌의 밤은 평온 그 자체였지만 무거웠던 삶의 짐을 잠시나마 잊을 수 있고 골목을 울리는 코 고는 소리는 정겹기까지 하였다.

　삼방동의 과거에서 오늘에 이르기까지 많은 사람들이 떠나가고 빈집이 늘어나면서 새로운 변모 아래 탄광촌 사람들의 검은 생활은 그들의 역사 속에서 유구할 것이다.

정선
함백탄광

진용선

정선아리랑연구소장
아리랑아카이브 대표

정선의 첫 탄광,
함백탄광

돌이켜보면 함백광업소 시절이 좋았다고 한다.
그러나 석탄산업의 자랑스러운 역사를 가슴에
안고 머나먼 도약을 준비하는 것은 남아 있는
사람들의 몫이다. 오래 전 맨몸으로 이곳에 찾아
들어 좌절하기보다는 딛고 일어서는 방법을 터
득한 사람들처럼 말이다.

함백,
탄전으로 알려지다

일제강점기 조선총독부 연료선광연구소 소속 일본인 기사技師인 시라키 다쿠치素木卓二가 탄층을 발견하기 전까지 정선 함백은 전형적인 두메산간 농촌마을이었다.

정선 함백에 근대화의 물결이 몰아친 건 1937년 중일전쟁이 시작되고 일제의 광물자원 수탈이 시작되면서 부터다. 일본은 1938년 국가총동원령을 내려 전쟁 수행에 필요한 자원을 총동원했다. 동양척식회사東洋拓殖會社 산하에 길운 여미산광산女美山鑛山을 운영할 조선아연朝鮮亞鉛을 설립하고 아연 수탈을 시작했다. 1941년 태평양전쟁이 시작된 후에는 철광생산에 필요한 아연 채광량을 크게 늘였고, 그해 12월 함백에는 전기가 들어오면서 활기를 띄기 시작했다.

함백 일대의 석탄도 일제의 자원 수탈 과정에서 처음 확인되었다. 1925년부터 강원도 탄층을 조사한 시라키 다쿠치는 1940년 펴낸『조선탄전조사보고서 제14권』에 함백산 연맥인 두리봉 일대까지 석탄

1943년 여미광산(女美鑛山) 직원들의 모습

1948년 조선아연광업회사에서 개발을 추진할 당시 함백탄광 단곡운반항의 모습

매장 광구를 수십 개로 나누어 지정했다. 그가 확인한 함백의 탄층은 지형이 너무 험해 접근하기가 어려워 수탈 순위에서 밀려나 있었다.

해방 후 1948년 5월 14일 북한은 남한으로 송전하던 전기를 모두 차단했다. 8월 15일 남한 단독정부가 수립되기 세달 전이었다. 당시 남한지역은 전력수요의 절반 이상을 북한에서 송전한 전기에 의존했는데, 단전 이후 전국 곳곳이 전력난에 시달렸다. 서울 시내에는 조명이 꺼지고 전차도 멈춰섰다.

1948년 11월 함백 광구 개발을 급히 서두른 것은 영월화력발전소에 발전용 탄을 공급하기 위해서였다. 정부는 함백탄광 사무실을 조동리 길운에 두고 조선아연주식회사에 운영을 맡겼다. 1949년 우리 정부의 긴급 요청으로 미국지질조사소 연구진이 함백을 답사해 탄맥과 매장량을 조사했다. 1950년 11월 대한석탄공사를 창립한 정부는 6 · 25전쟁 직후 영월발전소에 연료를 공급할 목적으로 함백탄광 개발에 투자를 집중했다. 광업소 이름에만 쓰이던 '함백'이라는 지명도 이 무렵 전국에 알려지기 시작했다.

1955년 8월부터 2년 동안 이승만 대통령의 지시로 육군 연대 규모의 군파견단이 함백탄광에 파견되어 탄전을 연결하는 도로를 내는 등 석탄증산에 기틀을 다졌다. 함백에서 생산된 석탄의 원활한 수송을 위해 영월부터 함백까지 22.6km의 산업철도인 함백선도 1957년 3월 9일 개통되었다.

함백광업소 현판을 걸고 있는 군파견단 단장

1957년 6월 2일 군파견단이 참석한 가운데 열린 함백광업소 개광식

함백,
희망의 땅이 되다

두메산간 마을인 함백은 희망의 땅이 되었다. 그곳에 가면 배고 픔이 없고, 그곳에 가면 내일을 기약할 수 있다는 믿음 때문에 가진 것 없는 이들이 함백에 왔다. 그 옛날 어렵고 힘들지 않은 사람이 없 겠지만, 탄광촌의 삶은 더욱 고단했다. "광부는 두 겹 하늘을 이고 살아 간다"고 했다. 하루 3교대로 막장에 들어가는 광부들이 바깥 에서 하늘을 보고 들어가면, 온종일 캄캄한 막장 안에서 일을 한다 고 해서 그렇게 불렀던 말이다. 무려 30도를 웃도는 무더위 속에서 탄을 캐는 일이 힘들고 위험하다보니 크고 작은 사고도 많았다. 함

1975년 3월 21일 방제-이목 구간 사항 540m 관통을 기념하기 위해
이목항 앞에서 기념 촬영을 한 함백광업소 광부들

1969년 함백국민학교 가을운동회 모습. 당시 학생수가 2천 8백 명에 이를 만큼 큰 학교였다

함백광업소 새골사택

백광업소에서는 개광 이래 1993년 폐광 때까지 175명이 사고로 목숨을 잃었고, 4,807명이 다쳤다. 1972년과 1986년을 제외하고는 한 번도 사망 사고가 나지 않은 해가 없었다.

함백광업소는 정부의 석탄증산계획과 UNKRA(국제연합한국지원단) 자금 지원에 힘입어 고속성장 했다. 그 배경에는 광부들의 땀방울이 있었다. 1963년에는 남아프리카가 지닌 고속굴진 세계기록을 경신해 세계에 함백광업소의 이름을 알렸고, 1976년에는 77만 톤이라는 역대 최대 생산량을 기록하기도 했다. 1970~1979년 연평균 증가율은 5.4%에 달하여 석공 전체의 생산증가율 0.6%를 훨씬 능가하는 생산을 보였다.

함백은 광산을 낳았고, 광업소는 함백을 먹여 살렸다. 함백 사람들은 "개도 만 원짜리를 물고 다녔다"고 할 만큼 풍요로운 삶을 살았다. 많은 이들이 맨몸으로 이곳에 찾아들어 탄광에서 일을 했고, 그 사람들과 더불어 살면서 넉넉하고 행복했다. 좌절하기보다는 딛고 일어서는 방법을 터득했다.

그러나 함백의 풍요도 여느 탄광처럼 오래 가지 못했다. 1980년대를 지나며 국제 유가가 안정되고 청정에너지인 가스가 보급되자 연탄 사용량도 크게 줄어들고, 무연탄의 소비량도 크게 줄어들었다. 탄층이 빈약하고 적자가 증가한 함백광업소는 정부의 석탄산업 합리화조치에 따라 찬란했던 과거를 뒤로한 채 1993년 10월에 폐광 했다. 1948년부터 45년 동안 캐낸 탄이 무려 1,709만 톤이나 될 만큼 석탄 산업에 크게 이바지한 함백탄광이 역사 속으로 사라지게 되었다.

그 많던 광부는
어디로 갔을까

폐광은 뜻밖의 충격으로 다가왔다. 막상 폐광이 결정되자 익숙했던 가족의 삶이 무너져 내렸다. 추억이 깃든 사택이 사라지고 그날그날 분주한 일상도 기억 속에 아련했다. 탄광이 잘 돌아갈 때 고된 일을 마치고 나온 광부들이 막걸리 잔을 기울이던 대폿집도 쓸쓸한 풍경이 된지 오래다. 함백에 남은 이들의 삶도 무척이나 힘들어졌다. 어쩌면 탄광에서 비롯된 함백은 그 이전의 이전으로 돌아간 것이다. 그 많던 광부들은 다 어디로 갔을까.

1993년 6월 30일 시장삼거리에서 열린 함백광업소 폐광 반대 궐기대회

1993년 폐광 직전 350여가구 천여 명이 넘는 주민들이 살던 중앙사택이 폐광 후 철거되고 있다

　돌이켜보면 함백광업소 시절이 좋았다고 한다. 폐광이후에도 여전히 앞이 보이지 않는다고 한다. 그러나 낙후된 폐광촌의 이미지에서 벗어나 그 머나먼 도약을 준비하는 것은 남아 있는 사람들의 몫이다. 오래 전 맨몸으로 이곳에 찾아들어 좌절하기보다는 딛고 일어서는 방법을 터득한 사람들처럼 말이다.

　함백에는 석탄 산업이 한창이던 시절 함백광업소 풍경이 고스란히 남아 있는 곳이 없다. 지난날, 이곳 막장에서 땀 흘리며 일하던 광부들의 삶을 잠깐이라도 돌아볼 수 있는 곳이 없다. 시커먼 석탄가루를 뒤집어 쓴 채 갱도 안에 앉아서 도시락을 펼쳐 든 모습, 그 아련한 모습은 기억과 추억 속에 묻혀 있다. 그 옛날 석탄개발이 한창일 때, 광부들의 삶을 돌아볼 수 있는 함백 이야기가 아득하게 들려오는 곳이면 좋겠다. 오늘도 나는 눈 익은 풍경, 귀 익은 소리에 마음을 두며 함백을 기록한다.

잃어버린 내 탄광

나는
해도,
달도,
별도 없는
캄캄한 어둠 속에서
내 삶을 캐낸다.

비록 갱 속에서 나오면
무사한 오늘에
감사할 지언정
그때는 편안했다.

사랑하는 아내와 자식을 위해
탄가루 날리는
어둠 속에서
희망의 빛을 찾던
그때는 행복했다.

땅 속에서
땅을 파며 보낸 반생
내 진정한 삶의 갱이 무너져 내렸다.

- 『열 손가락』(제2호), 함백여자고등학교, 1993년, 38쪽.

1993년 폐광 소식을 알게 된 함백여자고등학교 2학년 김경숙 학생이 쓴 시다.
십대 여학생의 눈에 비친 폐광과 아버지의 모습은 함백의 역사와도 같다. 캄캄
한 어둠 속에서 나오면 무사함에 감사했고, 사랑하는 가족이 있어 희망을 간직하
며 행복했다. 막장은 살아온 나날의 반평생처럼 오랜 시간이었다. 그렇게 평생
을 보낸 탄광이 폐광을 맞자 어느 날 무언가를 잃어버린 느낌이 몰려왔다. 진정
한 삶의 갱이 무너져 내리는 심정이었다.

1970년대 함백의 모습

속초
실향민

엄 경 선

속초향토사연구가
설악신문전문기자

아바이마을과
속초 실향민 이야기

속초의 하와이,
아바이마을

속초에는 앞바다 섬 조도 말고도 또 하나의 섬이 있다. 청호동 아바이마을이다. 사람이 끄는 무동력선 갯배를 타고 속초 시내로 넘나들어야 했다. 지역 사람들은 이곳을 '개건너' 또는 '하와이'라고 불렀다. 길을 가다가도 "아바이, 밥 잡쉈소?"라는 함경도말을 흔히 들을 수 있었던 곳이 아바이마을이었다. 대한민국에서도 고립된 함경도 언어섬을 형성한 곳이니, 하와이라고 부르는 말도 틀린 말은 아닐 것이다.

월남 실향민들이 많이 모여 사는 속초에서도 아바이마을은 더욱 각별하다. 이곳 사람들은 가수 '강산에'가 부른 '명태'에서나 들어볼 수 있는 억양 강한 함경도 말을 쓰고, 한겨울에는 '통심이'라고 부르는 명태순대를 즐겨 먹고, 고향의 민속인 북청사자놀이를 즐겼다. 마을마다 고향 이름을 따서 신포마을, 신창마을, 홍원마을, 정평마을이라 불렀다.

우리는 어데를 가든 이 배를 타야 된다.

1969년 아바이마을 청호초교 앨범에 나오는 갯배 사진에는 "우리는 어데를 가든 이 배를 타야 된다"라는 설명글이 적혀 있다. 고립된 아바이마을들이 세상과 연결하고 소통하는 수단이 갯배였다. 수십 년 동안 갯배는 아바이마을의 거의 유일한 교통수단이었다.

모래톱 위,
그들의 속사정

월남 실향민들은 왜 하필이면 바닷가 모래톱 위에 정착했을까? 모래땅이라 땅을 파면 바닷물이 올라오는 곳이니 우물 하나도 팔 수 없어 배를 타고 시내로 넘어와 식수를 길어 날라야 했다. 이곳은 도저히 사람이 살 수 없는 곳, 나무 한 그루조차 자랄 수 없는 곳이 었다. 거센 파도가 치면 모두가 휩쓸려 갈만한 모래사장이었다. 실제로 1968년 해일에는 이곳의 많은 집들이 파도에 휩쓸려 갔다.

이곳에 정착한 실향민들은 금방 고향에 가리라 생각했다. 낯선 땅에 정착하리라 생각하지 않았다. 좋은 집과 땅이 아니라, 잠깐 눈비만 피할 움막집이면 족했다. 바다에 나가 물고기를 잡으며 고향으로 가기 전까지 연명할 식량만 구하면 된다고 생각했다.

1954년경 아바이마을풍경 사진 (속초시립박물관 소장)

그리운 내 고향,
내 가족

난리통에 잠시 머물렀다가 고향에 돌아가겠다고 최북단인 이곳까지 들어와 피난보따리를 풀었던 이들은 70년이 지난 지금도 고향에 돌아가지 못했다. 전쟁과 분단으로 부모와 형제의 연이 끊기고, 부부가 생이별을 했다. 그리운 고향에 가지도 못하고 보고 싶은 가족들도 만나지 못한 채 실향민들은 여기 속초에 뼈를 묻었다. 속초와 인근지역에는 20여 곳의 실향민 망향동산이 남아있다. 실향민들의 망향동산에는 지금도 짙은 향수와 애절함이 그대로 남아있다.

> "늦어도 칠일이면 돌아오마 굳은 약속, 마지막 만져보고 되돌아 설 때 어두운 등불 밑에 떨고 서있는 부모형제 처자들의 처량한 모습…" - 원산시민회 망향비문

> "… 아아, 북쪽 하늘로 떠가는 저 구름아. 恨많은 설움과 쓰린 이 가슴을 내 故鄕에 부디 傳해다오." - 함북학성재령북지구 학남면민친목회

> -"고향산천 지척이나 / 육신은 타향이라 / 넋이라도 훨훨날아 / 몽상고향 가고지고! …" (함주군 개인묘비)

> -"… 고향산천 부모 동기를 떠나 하루에도 몇 번씩 그리워하시며 고향의 북녘하늘을 우러러 보시든 우리들의 아버님, 이제 모든 시름 잊으시고 …" (함주군 개인묘비)

<관련 책>
강원학 총서 "돌아가지 못한 사람들, 실향민의 삶" - 2019년 12월 31일 강원연구원 강원학연구센터 발간
갯배이야기 - 2020년 12월, 속초민예총

고향생각

〈지는 노을 처럼〉에서

최성오 작

북녁땅 바라보고 발버둥치며 외쳐보았오 三八線
장벽아 무너저라. 來日이면 故鄕땅 간다더니 어언
春風秋雨 三十三個星霜이 흘렀구려 하늘끝이
우뚝솟은 白頭山을 그리워하면서 이곳 永郞湖畔
동산에 자리잡고 望鄕의 설음을 달래면서 이碑를
세우노니 아아 북쪽하늘로 떠가는저구름아 恨많
은설음과 쓰린이가슴을 내故鄕에 부디傳해다오

西紀一九八三年四月五日
咸北鶴城在嶺北地區 鶴南面民親睦會 建立

2019년 2월 아바이마을에서 열린 속초사자놀이 길놀이
속초사자놀이는 북청출신 실향민들의 북청사자놀음에서 전승되었다

평화통일을
염원하다

　이산가족 상봉이 시작되어 수차례 상봉이 이루어졌는데도 청호동 아바이마을에서는 상봉소식이 전해지지 않았다. 아바이마을의 이산가족상봉이 저조하자 2009년에는 속초시의회가 아바이마을 실향민을 배려해달라고 관계기관에 건의문까지 발송하기도 했다. 마침내 지난 2010년 제18차 이산가족상봉 때 처음으로 아바이마을 실향민이 북에 두고 온 딸을 만났다. 북에 두고 온 아내와 자식들과 연락이 되었지만 끝내 만나지 못하고 눈을 감은 가슴 아픈 사연의 실향민도 있다.

　남북이 갈린 지 75년. 전쟁으로 이산가족의 아픔이 시작된 지 70년. 속초 아바이마을은 그 길고 긴 기다림의 시간이 흘렀음에도 아직 이뤄지지 않은 소망을 품고 있다. 아바이마을의 존재는 이산의 아픔을 극복하고 남북 화해와 평화, 통일로 나아가야하는 시대의 소명을 일깨워준다.

실향민 2세가 조각한 아바이마을 상징물, 아바이상

강원도
화전민

류 제 원

기록사진가
사진인문학 강사

기억속으로 사라진
화전민들의 삶

그 옛날
화전민의 삶

오래전 강원도하면 떠오르는 화전민들. 무슨 이유인지는 모르지만 강원도에는 깊은 산골이 많고 그곳에는 굴피집, 너와집, 능애집, 겨릅집 등이 뜨문뜨문 보였었다. 마당에는 소 한두 마리 말뚝에 메여있어 주인이 오면 '음매, 음매' 반겨주고 강아지 한 마리도 꼬리를 흔들며 마중 나온다. 마당 저쪽에는 겨우내 땔감이 가득 쌓여있고 소에게 줄 먹이 창고며 김치곽과 빨랫줄에 널린 빨래가 정겹기만 하다. 부엌에서는 소 여물을 끓여내 사람보다 먼저 먹이고 저녁상엔 된장국이 끓어오른다. 등잔불이 귀하던 시절 코클* 속에 소깽이**가 방을 밝혀주고 있다.

---

*   '고콜'의 방언(강원, 경북). 고콜은 예전에, 관솔불을 올려놓기 위하여 벽에 뚫어 놓은 구멍을 뜻한다.

**   '관솔불'의 방언(강원). 송진이 많이 엉긴 소나무의 가지나 옹이에 불이 잘 붙어 예전에는 여기에 불을 붙여 등불 대신 이용하였는데 이를 관솔불이라 한다.

삼척군 신기면 대평리

삼척군 하장면

봄이면 소를 끌고 밭을 갈고, 여름이면 호랑이
보다도 더 무섭다는 풀을 베고, 가을이면 학교를
다녀오자마자 옥수수를 모아 엮어 말리고, 겨울
이면 삼베를 짜고 자리를 메고 그렇게 한 해가 저
물어 가던 화전민들.

화전민은 지역마다 다른 지붕을 얹고 살았다.
소나무가 넉넉한 화전민들은 너와집에서, 참나무
가 많은 화전민들은 굴피집에서, 삼베마을에서는
겨릅집을 얹고 살던 그들은 어쩌다 이런 산골에
들어왔을까?

삼척군 도계읍

삼척군

삼척군 신기면

화전민의
역사

　화전민들은 원시시대부터 존재하였겠지만 조선시대 그 많은
세금을 내지 못해 혼란한 시대 괴나리 봇짐을 지고 산으로 들어
와 집 옆의 산에 불을 질러 밭을 만들고 씨를 뿌려 겨우 살아왔
다. 일제강점기에도 그곳에서 살 수밖에 없었던 화전민들은 잡
곡을 심어 먹고 살았었다. 콩, 팥, 옥수수, 귀리, 메밀 등을 번갈
아 심어 가꾸며 살다가 땅 힘이 약해지면 또다시 다른 곳에 화
전을 일구어 농사를 지었다. 밭은 점점 넓어지고 산에서 나는
산나물로 반찬을 해 먹으며 그것이 행복인 줄 알고 살아왔었다.
　모든 생활도구도 스스로 만들어 사용하였다. 지금은 박물관
에나 가야 볼 수 있는 통방아로 곡식을 찧고 피나무 속을 파내어
김치를 보관했다. 망태기와 짚신을 만들어 산으로 들로 먹을 것
을 찾아다녔다. 겨울에는 설피를 신고 멧돼지와 토끼를 잡으며
힘들게 살다 보니 자식 걱정 집안 걱정에 동네 어귀에는 성황신
을, 부엌에는 조왕신을 정성으로 모셨다.

양양군 현남면 하월천

삼척군 신기면 대이리

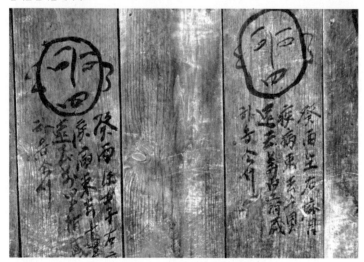

삼척군 도계읍 신리 삼눈잡기

　이런 어려운 환경을 이겨낸 화전민들은 새마을운동으로 나라에서 집을 지어주고, 이북에서 공비가 쳐내려와 산에서 들로 내려와 이주민촌에 모여 살기 시작하였다.

　그렇게 화전민들은 사라져 갔다. 더 이상 산에서 살지 않는다. 사라진 화전민들의 삶은 박물관에나 가야 만날 수 있게 되었다. 화전을 일구며 살았던 기억을 간직한 촌로들만 남아 있을 뿐이다.

고성
명파리

남동환
DMZ사진가

육지 속 섬마을
명파리

명파리의
시작

  1953년 7월 27일 6·25전쟁 정전협정 후 황무지가 된 명파리에 민간인들의 발길이 닿았다. 1957년 2월, 명파리에 들어가 농사를 지어 먹고 살 50가구를 신청받았는데 전국 팔도의 어려운 사람들이 몰려왔다. 이들은 현내면 대진리에 거주하며 1957년 5월부터 출입영농을 했다. 50호의 주민들은 열심히 일하여 1978년 4월 명파마을로 입주했다. 배봉리 20호, 마차진리 30호 가구가 함께 민통선 북방으로 들어갔다.

　1957년 민통선출입 검문소는 명파리에서 4㎞ 떨어진 마차진리(지금의 금강산콘도 앞)에 위치했다. 1960년 마차진리(현재 대공사격장) 입구로 검문소를 북상했다. 이후 1970년 초에 배봉리 쑥고개로 민통선출입검문소가 이전됐다. 1995년 6월 3일 민통선출입 검문소가 북상해 명파마을 북쪽 해군합작소 이전에 자리를 잡았다.

명파리 1990년대

명파리 전경(2021)

명파리 취락구조개선사업(1978)

최북단 마을인 고성군 명파리(1988.5.9.)

　명파리 주민들은 삽과 괭이 등으로 논밭을 일구고 군용 야전삽 손잡이를 떼내고 긴 자루를 장착하여 주로 사용했다. 개간하면 내 땅이 된다는 희망을 품고 땀을 흘려 개간했지만, 그 땅에는 원주인이 있었다. 입주 초 3년간은 무료로 경작했으나 이후 주인이 도지(경작료) 지급을 요구하거나 개간비를 지불한 후 토지를 가져가기도 했다. 1995년 검문소가 북상하고 이후에는 마을 출입이 자유로워지면서 토지를 돌려 달라는 요구 등이 심해졌다.

　명파리 주민 50호가 유지된 것은 1960년까지였다. 이후 사천리 출입영농이 가능해졌고 저진리, 명호리, 송현리, 검장리 출입영농이 이뤄지면서 명파리 전입주민이 늘어났다.

방첩대,
권력을 휘두르다

명파리는 오후 6시 이후 출입이 불가능하였다. 친척 등 방문객들은 거진, 대진에서 하룻밤을 잔 다음날 출입증을 내고 명파마을로 들어갔다. 명파리 마을 주민들도 오후 6시 이후에는 검문소를 통과할 수 없었다.

명파마을에는 군부대 방첩대(보안대)와 경찰이 있었다. 방첩대원은 마을주택에 사랑채를 빌려 상주했고 하사관(지금은 부사관)인 방첩대원의 경우 일본 순사 끗발을 능가했으며 현역 대대장 끗발에 버금갔다. 말을 듣지 않으면 추방하겠다며 주민들에게 엄포를 놓기도 했다. 주민들은 자체 경비를 위해 문을 가려 빛이 새어 나오지 못하게 해야 했다. 불을 켜지 못하는 불편은 1961년까지 계속되었다. 방첩대 대원은 1970년 초반에 전방부대로 갔지만 그 위상은 여전했다.

맛을
이어가다

1984년 통일전망대가 문을 열었다. 통일전망대 개관 이후 마을에 관광객이 몰리자 명파마을에 식당이 늘어났다. 1995년 당시 함흥면옥, 평양면옥, 춘천막국수, 우리식당, 쉼터식당, 민통선식당, 명파해수욕장 슈퍼 두 곳 등 10여 개가 넘는 상가가 운영되었다. 자가용 승용차로 통일전망대에서 금강산, 해금강 절경을 감상한 관광객들은 명파마을 식당에 들러 식사를 했다.

2008년 11월 금강산 관광객이 북한군의 피격으로 사망하는 사건이 발생, 금강산관광이 중단되면서 문을 닫는 식당이 많아져 현재는 평양면옥 한 곳만이 남아 30여 년간 명파리의 맛을 알리고 있다. 점빵(구멍가게) 역시 4개가 운영되었으나 현재는 금강산슈퍼만 운영되고 있다.

명파해수욕장 철조망

명파해수욕장 철조망 철거

목소리 높여
원전 반대

1991년 7월 11일 동력자원부 과학기술처 등 정부 관련 부처가 전력의 안정적인 공급과 남북통일 대비 북한지역의 전력공급 등을 명분으로 명파리 일대에서 지질조사를 벌였다. 언론보도가 있었던 직후부터 명파리 일대는 민통선 지역으로 주민이 적어 원전건설에 따른 반발이 적고, 발전용수를 확보할 수 있는 명파천과 명파해변 등을 근거로 원전건설 후보지로 검토하고 있다고 밝혔었다. 정부 방침이 밝혀지자 명파리 120여 가구 700여 명의 주민들은 1991년 7월 14일 마을회관에 모여 원전건설 반대 결의문을 채택한 후 명파마을과 대진 초도리 등에 "명파리 원전건설 결사반대", "명파리 원전건설 즉각 중지"라는 플랜카드를 내걸었다.

또한 고성군공설운동장에서 고성군민 1만여 명이 참가하여 상여를 앞세우고 명파리 원전건설반대 대규모 시위를 하였다. 명파리 주민과 고성군민이 반대투쟁으로 정부는 원전건설 부지 지정을 포기한 상태가 되었다.

1957년 이후는 민통선 북방마을이라고 관리하다 2000년 이후 접경지역 주민이라 했다. 현재 명파리에 거주하는 주민은 163가구 남자 138명 여자 137명, 총 275명으로 육지 속 "섬"명파리 이야기는 지금도 명파리 주민사이에 애환으로 남아 있다.

명파리 부근에서 측량을 실시한 원전폐기물장 설치를 위한 한전이 설치한 콘크리트 기준점(1991.7.23.)

명파리 원전건설 반대(1991.7.23.)

인문산책 11

강원도 오래된 미래

초판1쇄발행 2021년 10월 7일

글 사진   김영규 김남덕 이학주 김시동
           박병문 진용선 엄경선 류제원 남동환

기획   강원기록문화네트워크
책임편집   원미경
편집디자인   정은미

펴낸이   원미경
펴낸곳   도서출판 산책
           강원도 춘천시 우두강둑길 23
           TEL 033)254-8912

값   10,000원
ISBN   978-89-7864-101-2